CUADERNO DE PRÁCTICA DE
ESCRITURA A MANO
= PARA ADULTOS =

A A A A A A A A A A A A A A A A

Domingo Domingo Domingo Domingo

La actitud y la capacidad son

claves importantes para tener éxito

La actitud y la capacidad son

claves importantes para tener éxito

ESTE LIBRO PERTENECE A

Mejora sus habilidades de escritura a mano con este libro,
con trazado de letras, palabras y frases motivadoras,
La actividad de escritura a mano puede ser beneficiosa
para mejorar las conexiones neuronales, la habilidad
de la lectura cursiva, concentración y enfoque

2023 Bekalearn publishing

A B C D E F G H I J K L M N Ñ O P Q R S T U V W X Y Z

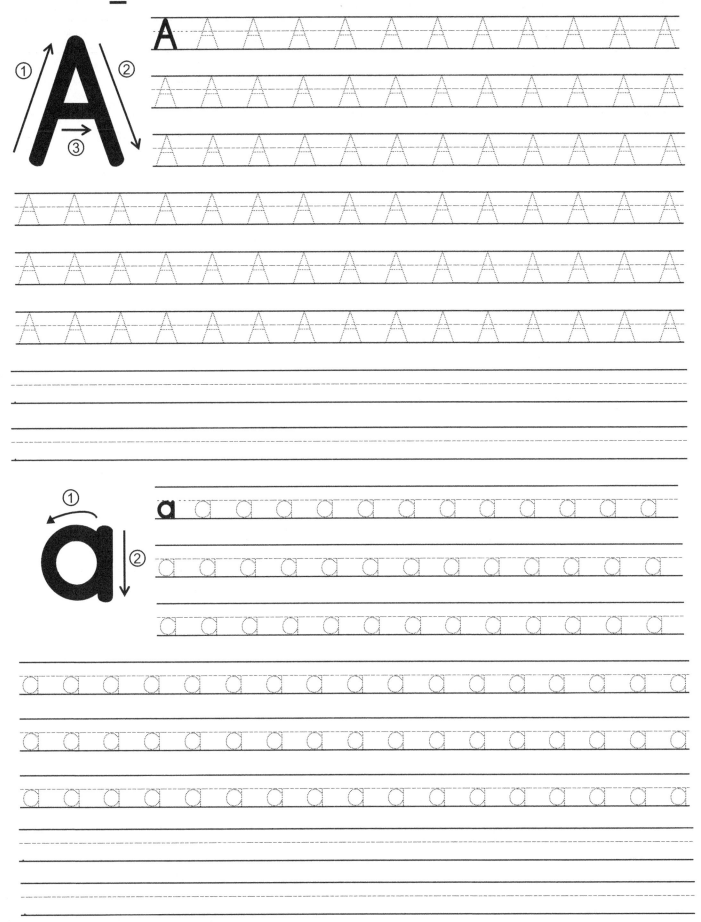

<u>A</u> B C D E F G H I J K L M N Ñ O P Q R S T U V W X Y Z

A **B** C D E F G H I J K L M N Ñ O P Q R S T U V W X Y Z

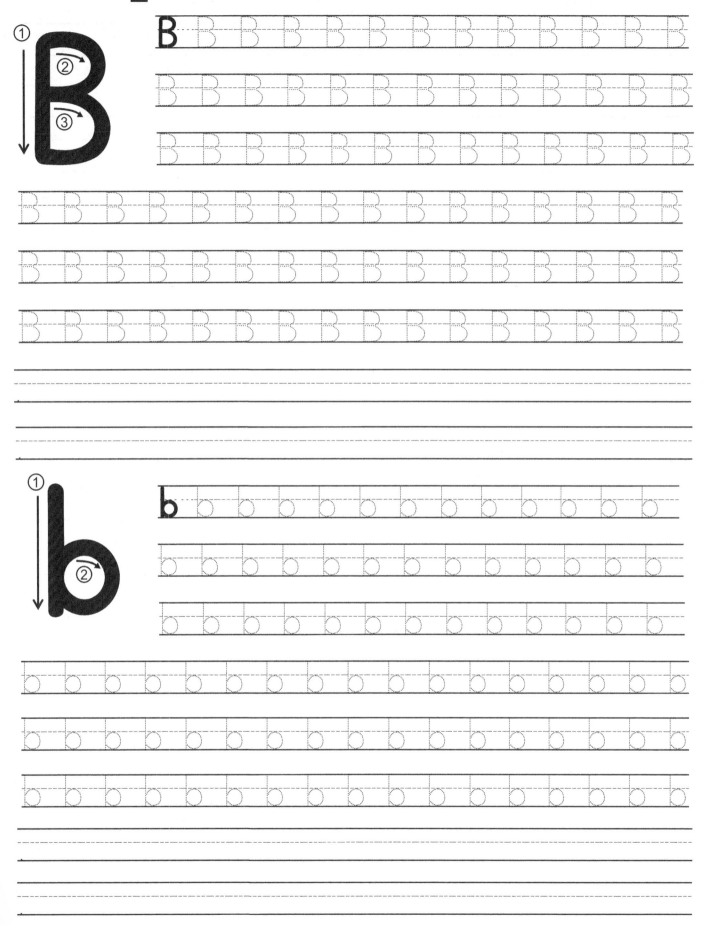

A **B** C D E F G H I J K L M N Ñ O P Q R S T U V W X Y Z

B B B B B B B B B B B B B B B B

B B B B B B B B B B B B B B B B

B B B B B B B B B B B B B B B B

B B B B B B B B B B B B B B B B

b b b b b b b b b b b b b b b b

b b b b b b b b b b b b b b b b

b b b b b b b b b b b b b b b b

b b b b b b b b b b b b b b b b

ABCDEFGHIJKLMNÑOPQRSTUVWXYZ

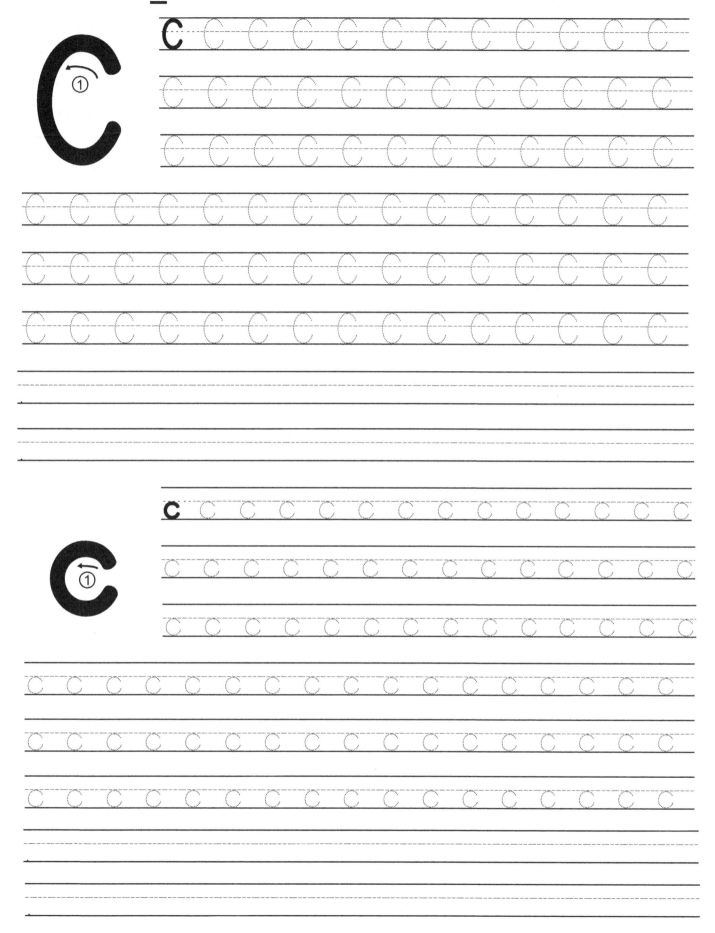

ABCDEFGHIJKLMNÑOPQRSTUVWXYZ

C C C C C C C C C C C C C C C C

C C C C C C C C C C C C C C C C

C C C C C C C C C C C C C C C C

C C C C C C C C C C C C C C C C

C C C C C C C C C C C C C C C C C

C C C C C C C C C C C C C C C C C

C C C C C C C C C C C C C C C C C

C C C C C C C C C C C C C C C C C

A B C D E F G H I J K L M N Ñ O P Q R S T U V W X Y Z

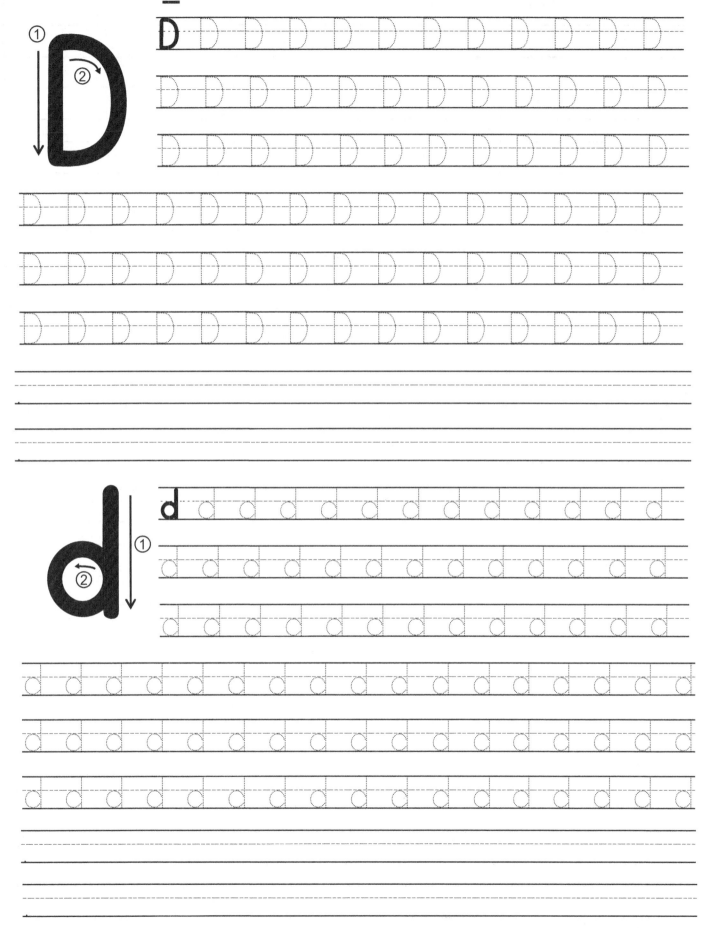

ABCDEFGHIJKLMNÑOPQRSTUVWXYZ

A B C D E F G H I J K L M N Ñ O P Q R S T U V W X Y Z

E

e

ABCD<u>E</u>FGHIJKLMNÑOPQRSTUVWXYZ

A B C D E **F** G H I J K L M N Ñ O P Q R S T U V W X Y Z

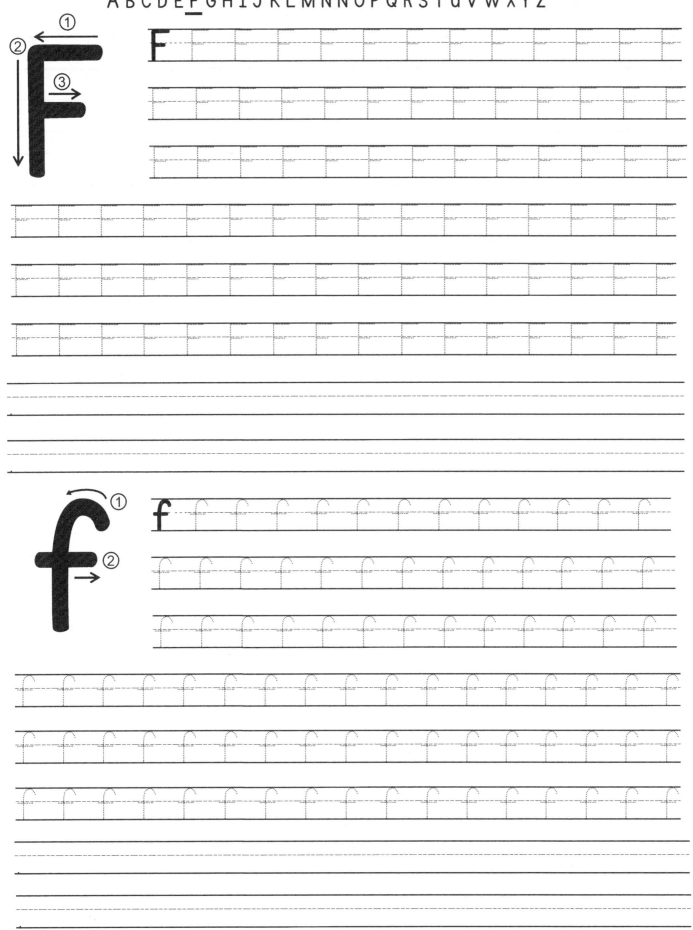

A B C D E **F** G H I J K L M N Ñ O P Q R S T U V W X Y Z

A B C D E F <u>G</u> H I J K L M N Ñ O P Q R S T U V W X Y Z

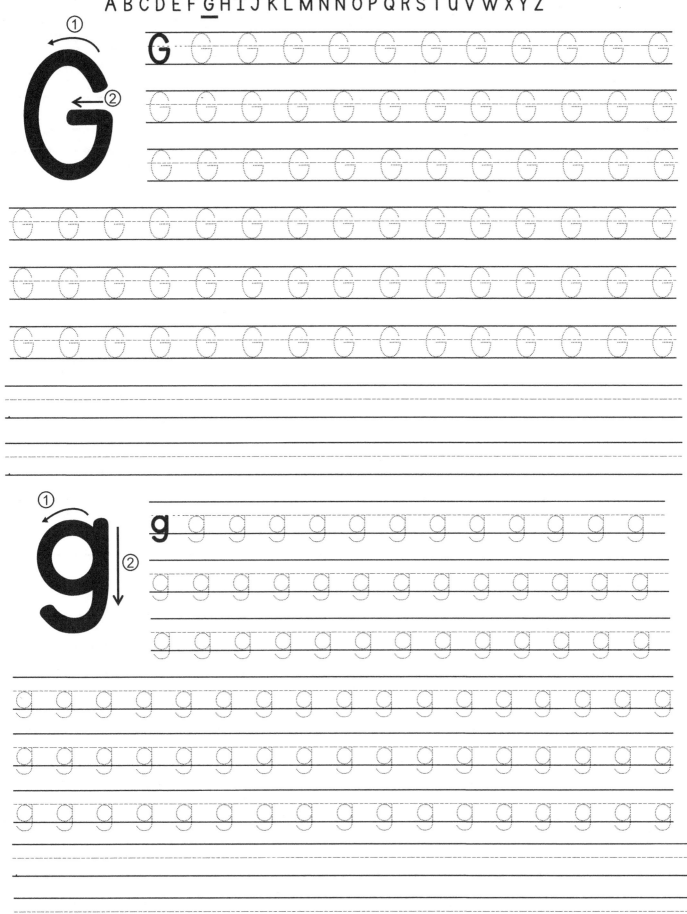

A B C D E F <u>G</u> H I J K L M N Ñ O P Q R S T U V W X Y Z

A B C D E F G **H** I J K L M N Ñ O P Q R S T U V W X Y Z

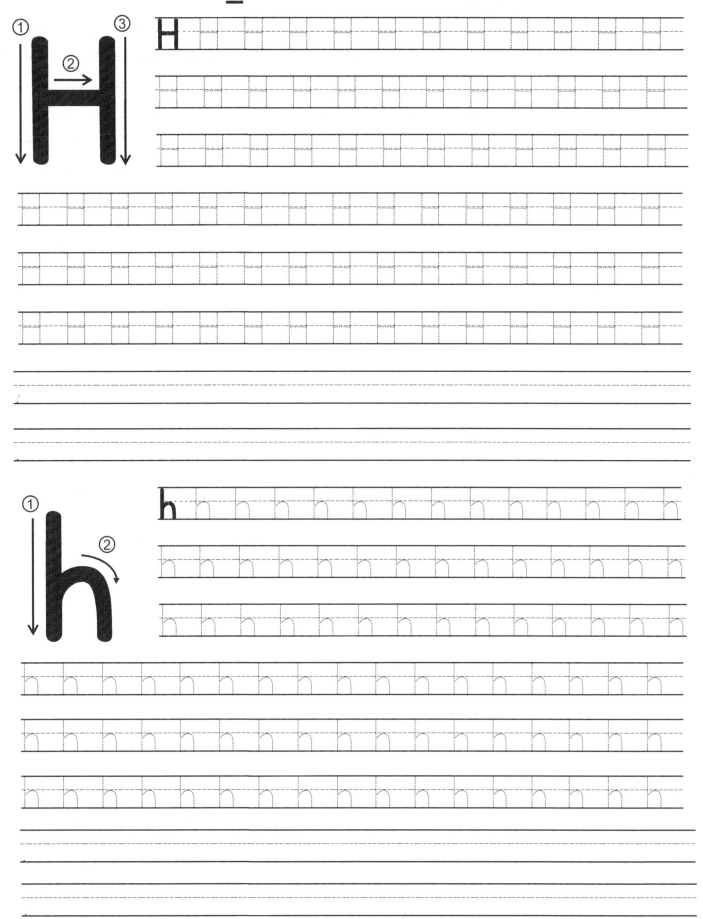

A B C D E F G H I J K L M N Ñ O P Q R S T U V W X Y Z

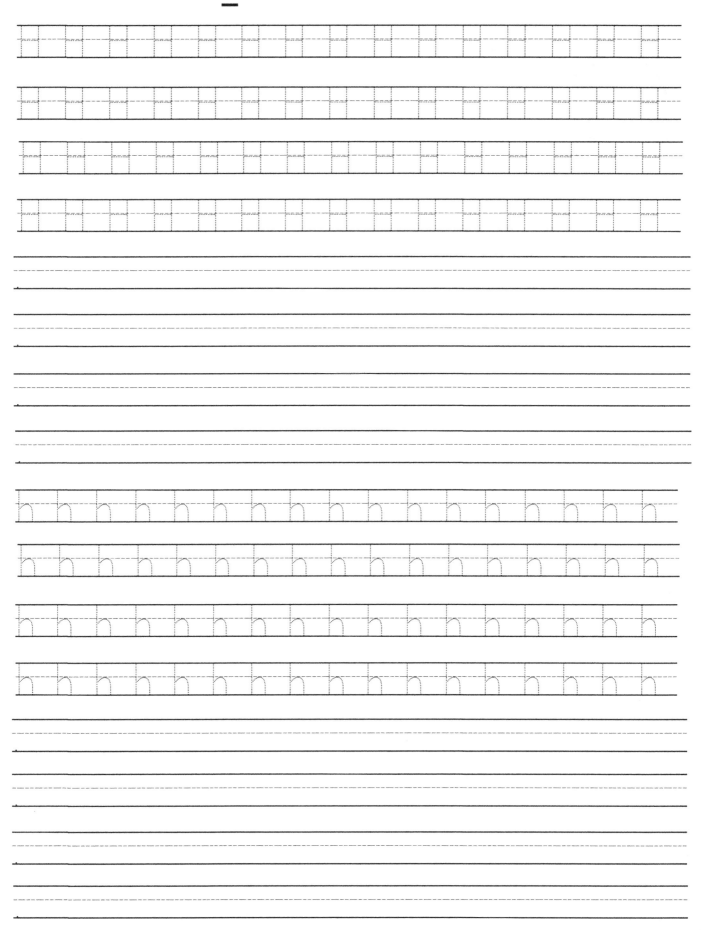

ABCDEFGH<u>I</u>JKLMNÑOPQRSTUVWXYZ

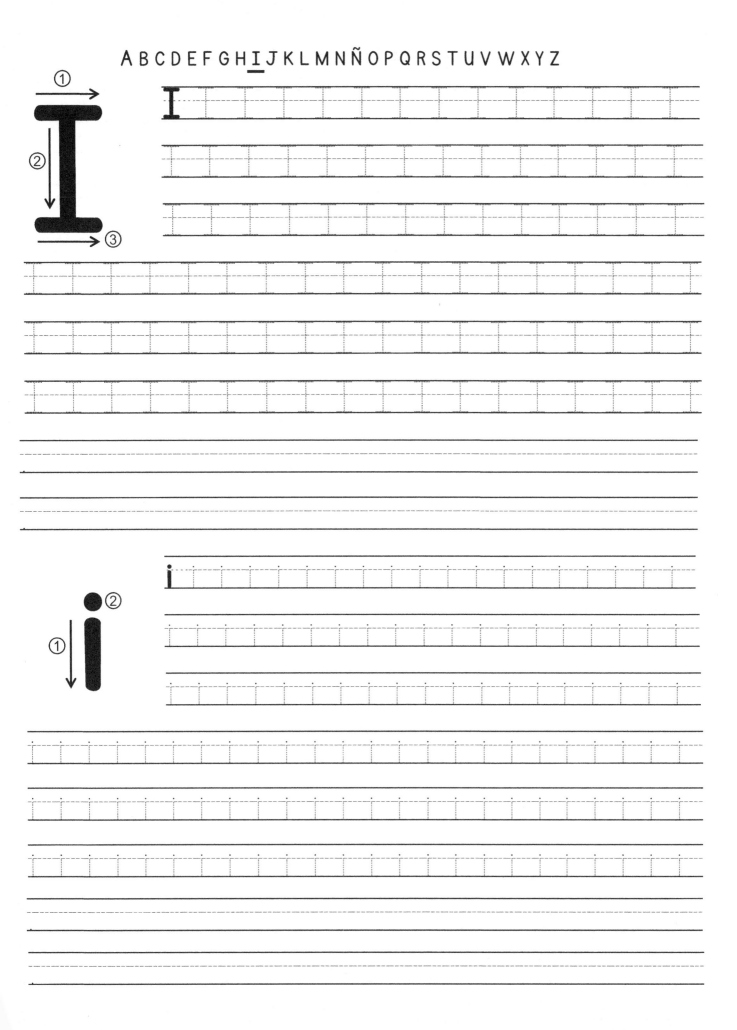

A B C D E F G H <u>I</u> J K L M N Ñ O P Q R S T U V W X Y Z

A B C D E F G H I J K L M N Ñ O P Q R S T U V W X Y Z

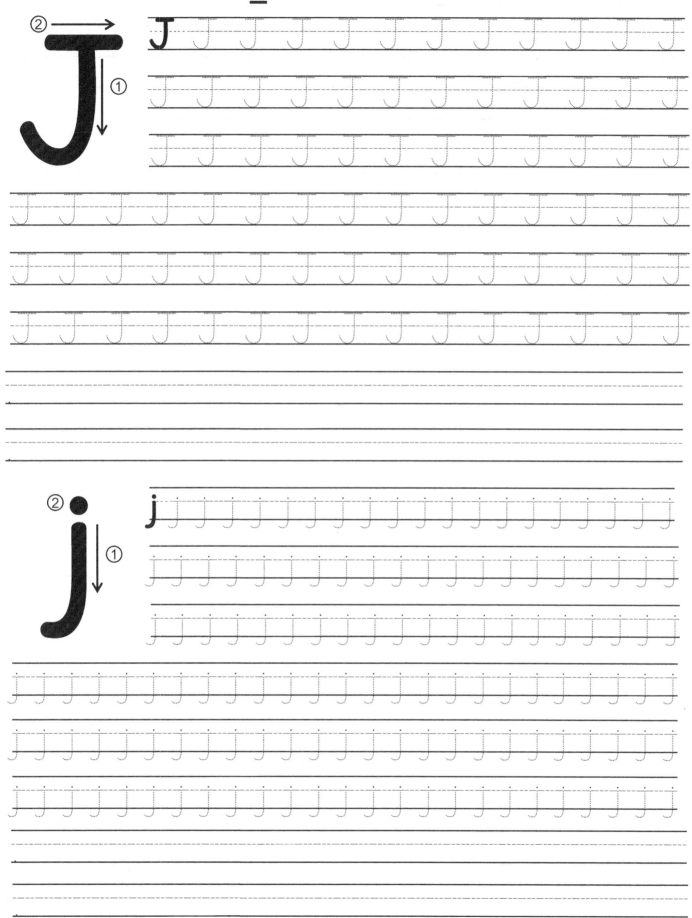

ABCDEFGHI**J**KLMNÑOPQRSTUVWXYZ

ABCDEFGHIJ<u>K</u>LMNÑOPQRSTUVWXYZ

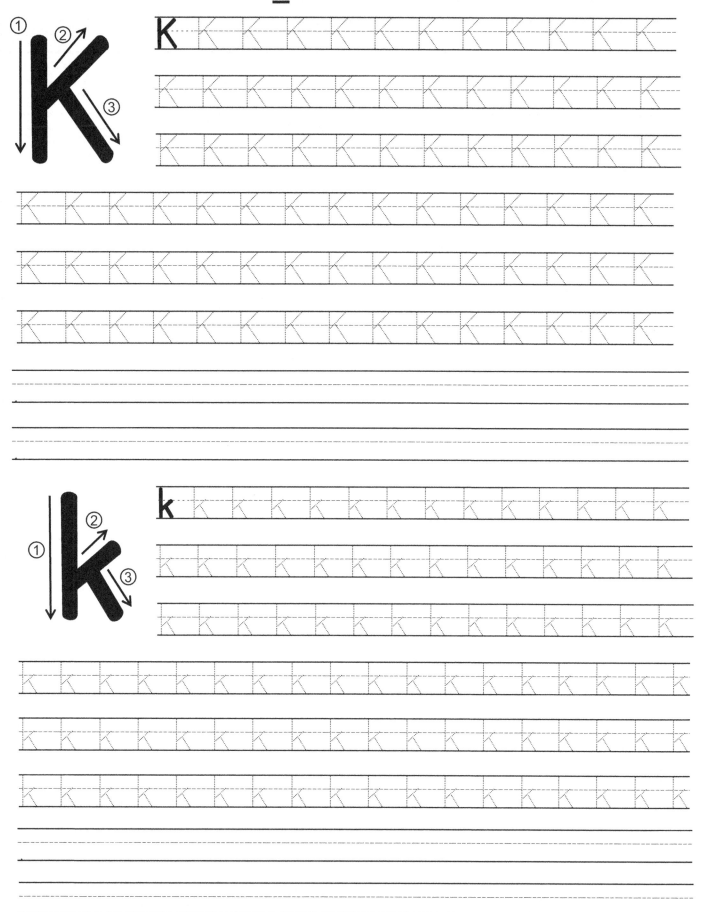

K K K K K K K K K K K K K

K K K K K K K K K K K K K

K K K K K K K K K K K K K

K K K K K K K K K K K K K

K K K K K K K K K K K K K K

K K K K K K K K K K K K K K

K K K K K K K K K K K K K K

K K K K K K K K K K K K K K

ABCDEFGHIJK**L**MNÑOPQRSTUVWXYZ

① L ②

A B C D E F G H I J K L M N Ñ O P Q R S T U V W X Y Z

ABCDEFGHIJKL**M**NÑOPQRSTUVWXYZ

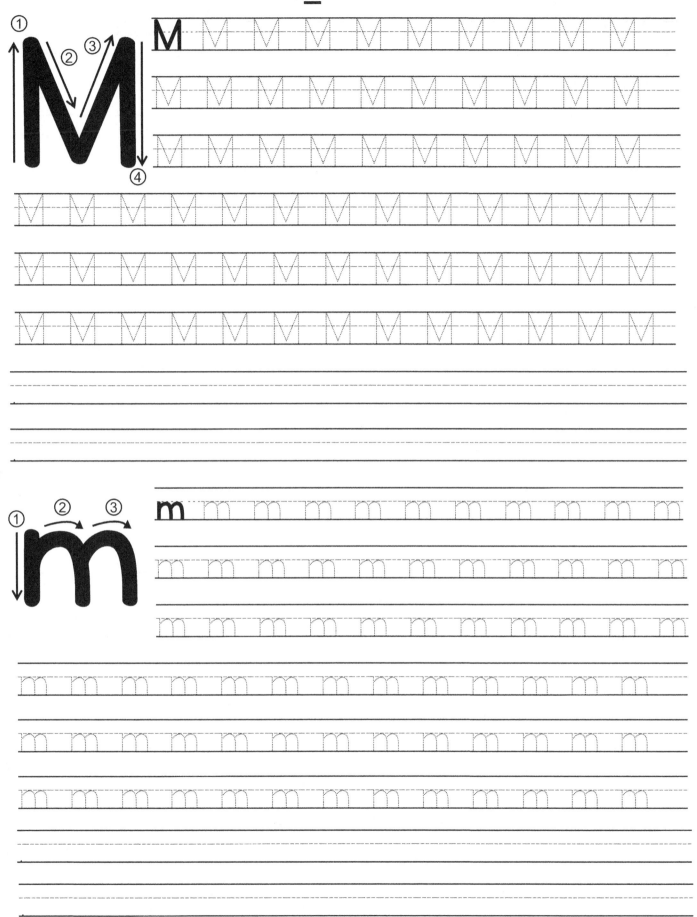

A B C D E F G H I J K L <u>M</u> N Ñ O P Q R S T U V W X Y Z

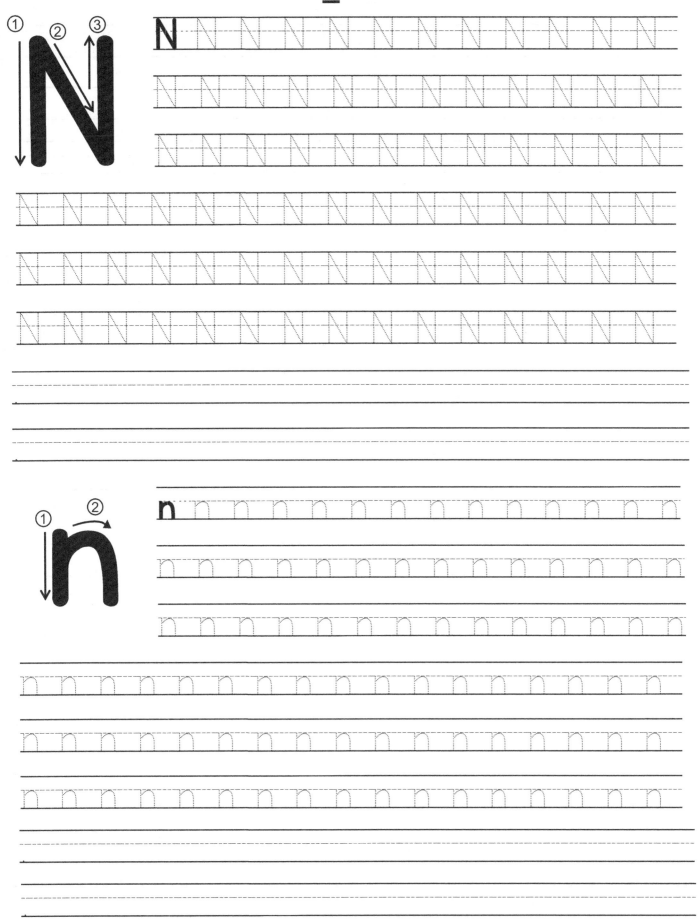

ABCDEFGHIJKLM**N**ÑOPQRSTUVWXYZ

ABCDEFGHIJKLM**N**ÑOPQRSTUVWXYZ

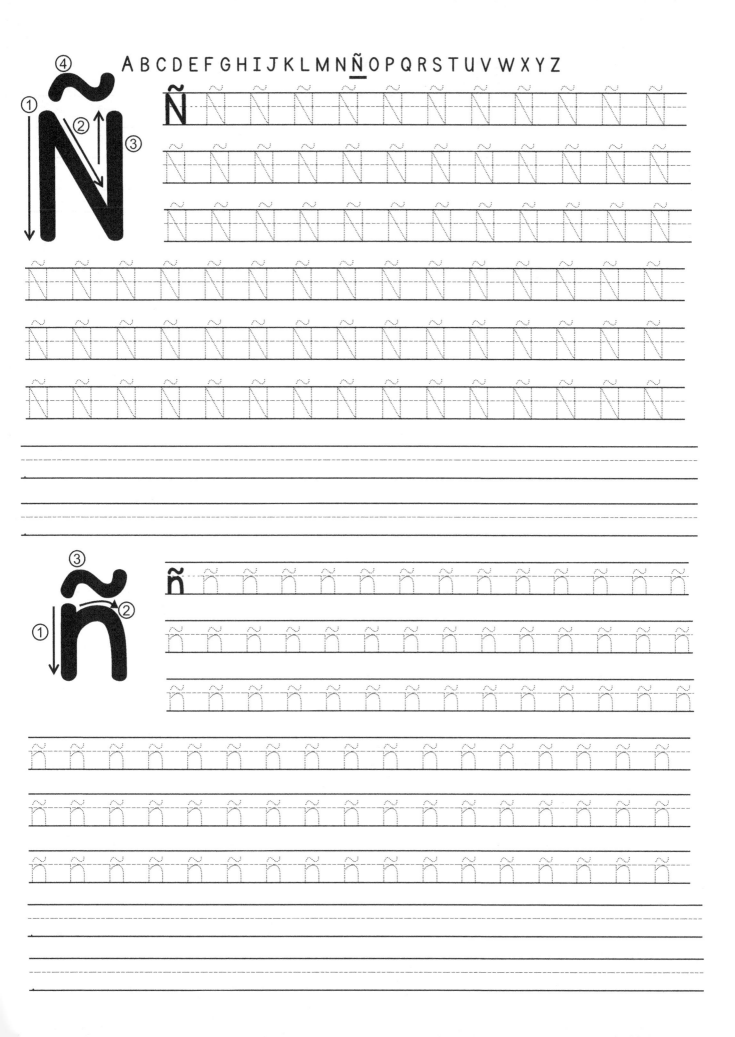

A B C D E F G H I J K L M N Ñ O P Q R S T U V W X Y Z

ABCDEFGHIJKLMNÑOPQRSTUVWXYZ

A B C D E F G H I J K L M N Ñ <u>O</u> P Q R S T U V W X Y Z

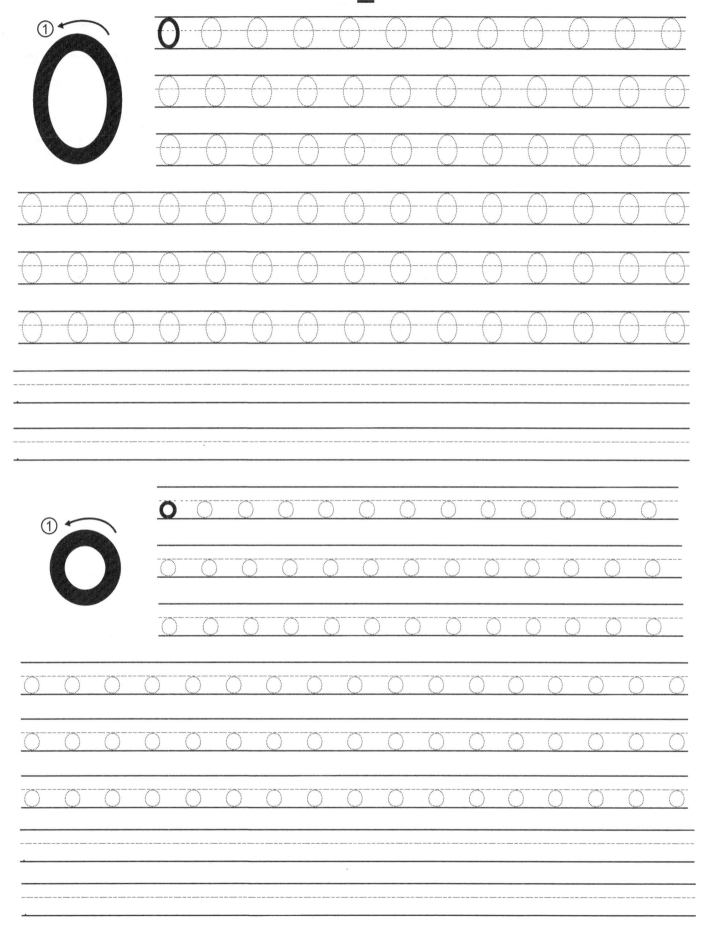

A B C D E F G H I J K L M N Ñ <u>O</u> P Q R S T U V W X Y Z

A B C D E F G H I J K L M N Ñ O P Q R S T U V W X Y Z

P

P P P P P P P P P P P P P P P P P P

P P P P P P P P P P P P P P P P P

P P P P P P P P P P P P P P P

P P P P P P P P P P P P P P P P P

P P P P P P P P P P P P P P P P P

P P P P P P P P P P P P P P P P P

p

p p p p p p p p p p p p p p p p p p

p p p p p p p p p p p p p p p p p

p p p p p p p p p p p p p p p p p

p p p p p p p p p p p p p p p p p p p

p p p p p p p p p p p p p p p p p p p

p p p p p p p p p p p p p p p p p p p

A B C D E F G H I J K L M N Ñ O P Q R S T U V W X Y Z

P P P P P P P P P P P P P P P P P P

P P P P P P P P P P P P P P P P P P

P P P P P P P P P P P P P P P P P P

P P P P P P P P P P P P P P P P P P

p p p p p p p p p p p p p p p p p p

p p p p p p p p p p p p p p p p p p

p p p p p p p p p p p p p p p p p p

p p p p p p p p p p p p p p p p p p

ABCDEFGHIJKLMNÑOPQRSTUVWXYZ

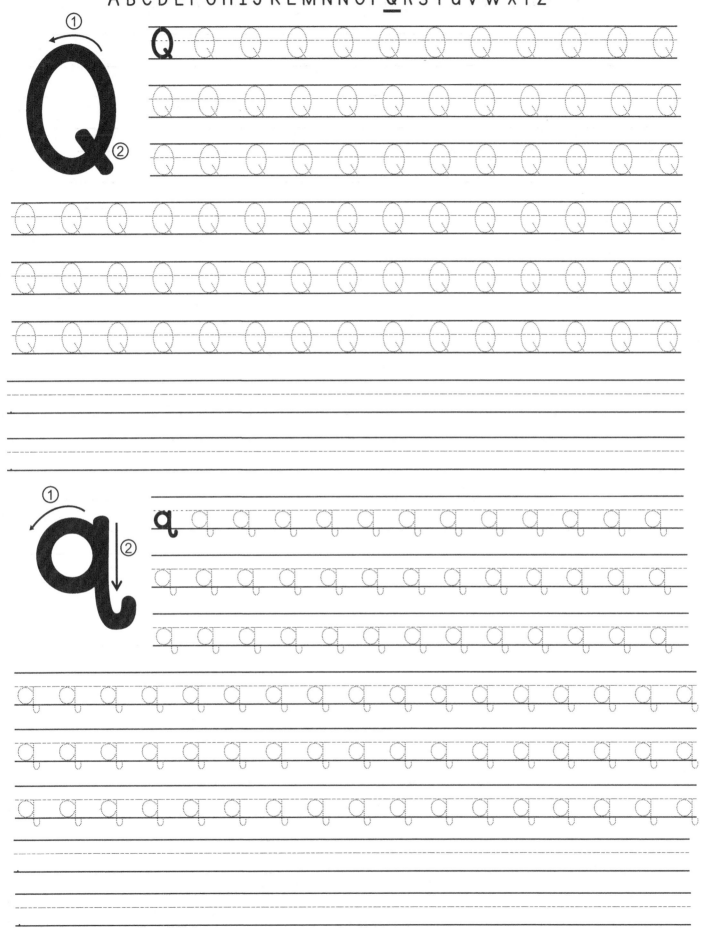

A B C D E F G H I J K L M N Ñ O P **Q** R S T U V W X Y Z

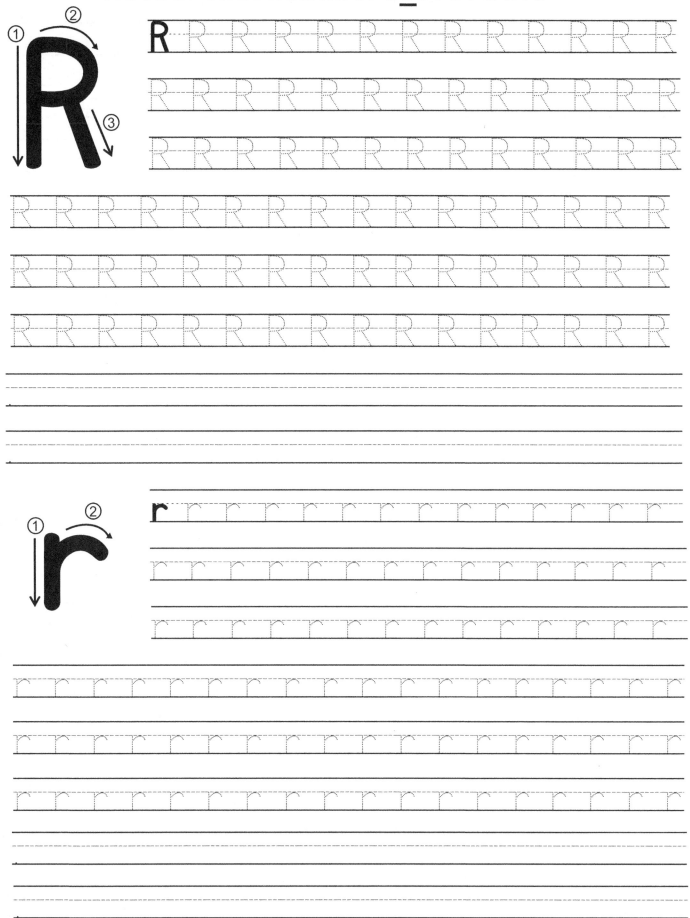

ABCDEFGHIJKLMNÑOPQ**R**STUVWXYZ

RRRRRRRRRRRRRRRR

RRRRRRRRRRRRRRRR

RRRRRRRRRRRRRRRR

RRRRRRRRRRRRRRRR

rrrrrrrrrrrrrrrrr

rrrrrrrrrrrrrrrrr

rrrrrrrrrrrrrrrrr

rrrrrrrrrrrrrrrrr

ABCDEFGHIJKLMNÑOPQR<u>S</u>TUVWXYZ

A B C D E F G H I J K L M N Ñ O P Q R S T U V W X Y Z

S S S S S S S S S S S S S S S S

S S S S S S S S S S S S S S S S

S S S S S S S S S S S S S S S S

S S S S S S S S S S S S S S S S

s s s s s s s s s s s s s s s s

s s s s s s s s s s s s s s s s

s s s s s s s s s s s s s s s s

s s s s s s s s s s s s s s s s

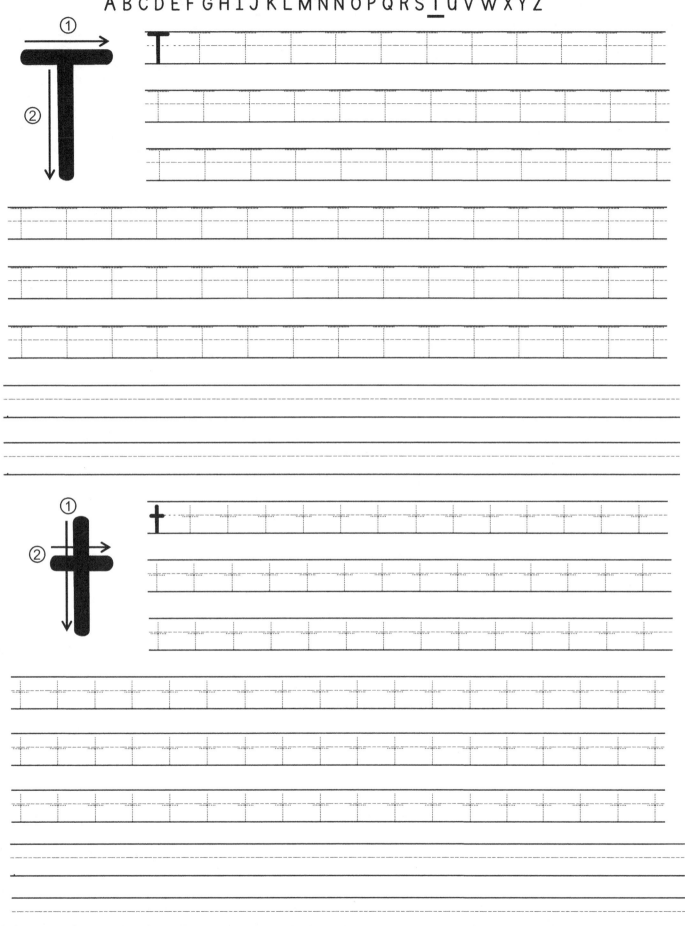

A B C D E F G H I J K L M N Ñ O P Q R S T U V W X Y Z

A B C D E F G H I J K L M N Ñ O P Q R S T <u>U</u> V W X Y Z

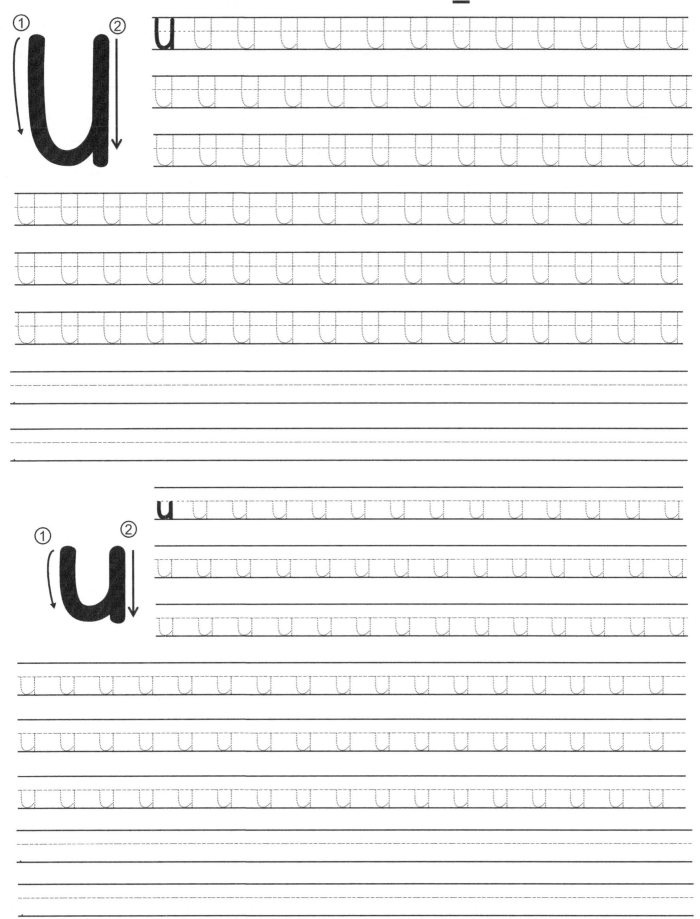

A B C D E F G H I J K L M N Ñ O P Q R S T <u>U</u> V W X Y Z

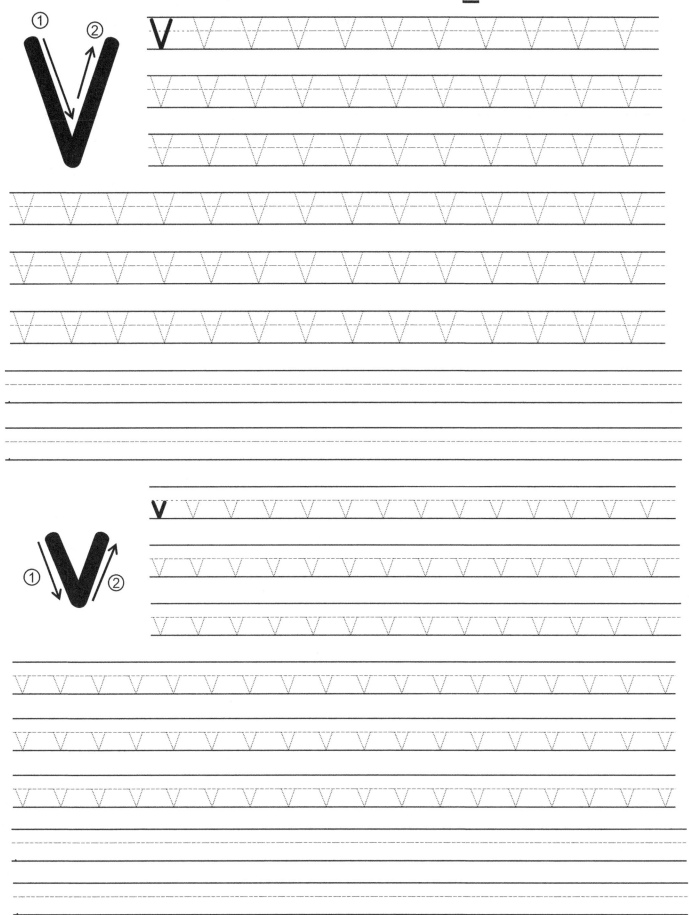

ABCDEFGHIJKLMNÑOPQRSTU<u>V</u>WXYZ

ABCDEFGHIJKLMNÑOPQRSTUV**W**XYZ

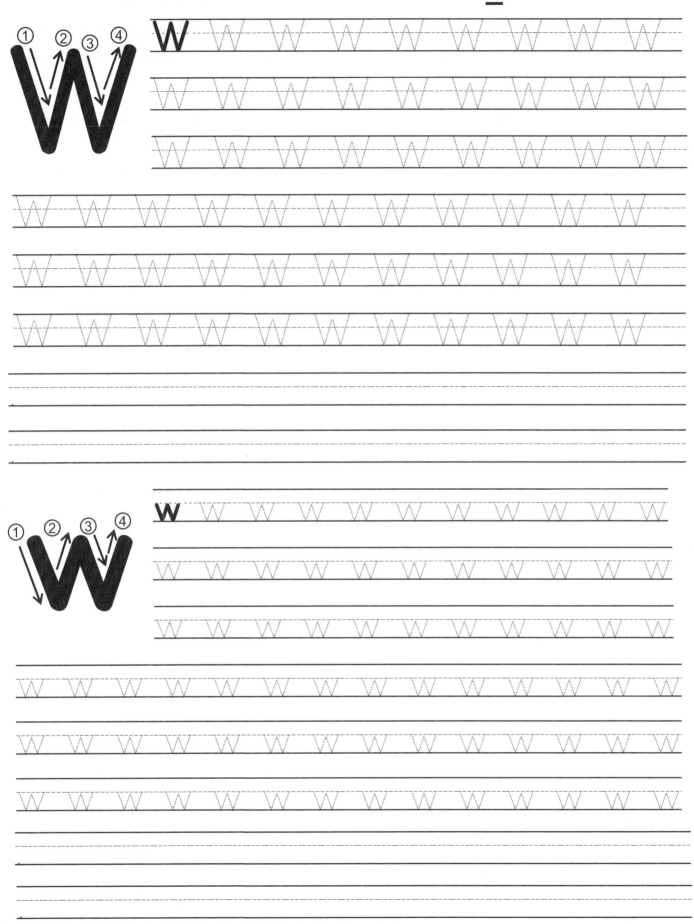

A B C D E F G H I J K L M N Ñ O P Q R S T U V <u>W</u> X Y Z

ABCDEFGHIJKLMNÑOPQRSTUVW_XYZ

ABCDEFGHIJKLMNÑOPQRSTUVW<u>X</u>YZ

ABCDEFGHIJKLMNÑOPQRSTUVWX<u>Y</u>Z

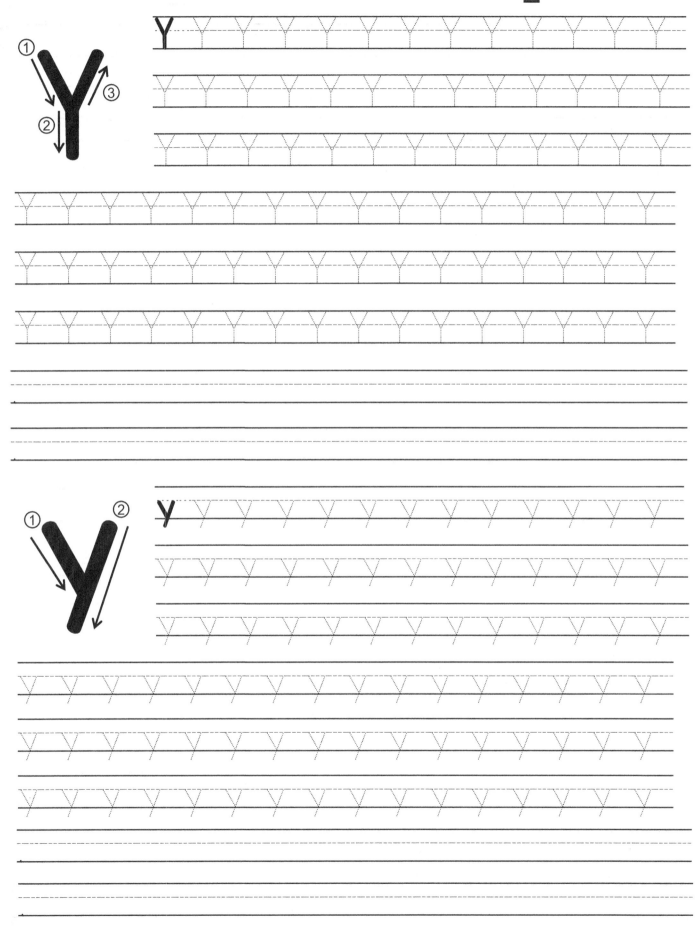

A B C D E F G H I J K L M N Ñ O P Q R S T U V W X Y Z

ABCDEFGHIJKLMNÑOPQRSTUVWXYZ

① →
② ↓
Z
③ →

Z

① →
② ↓
Z
③ →

z

ABCDEFGHIJKLMNÑOPQRSTUVWXY<u>Z</u>

Empresa

Empresa Empresa Empresa Empresa Empresa
Empresa Empresa Empresa Empresa Empresa
Empresa Empresa Empresa Empresa Empresa
Empresa Empresa Empresa Empresa Empresa
Empresa Empresa Empresa Empresa Empresa

Domingo

Domingo Domingo Domingo Domingo
Domingo Domingo Domingo Domingo Domingo
Domingo Domingo Domingo Domingo Domingo
Domingo Domingo Domingo Domingo Domingo
Domingo Domingo Domingo Domingo Domingo

Popular

Popular Popular Popular Popular Popular
Popular Popular Popular Popular Popular Popular
Popular Popular Popular Popular Popular Popular
Popular Popular Popular Popular Popular Popular
Popular Popular Popular Popular Popular Popular
Popular Popular Popular Popular Popular Popular

Corajudo

Corajudo Corajudo Corajudo Corajudo
Corajudo Corajudo Corajudo Corajudo Corajudo
Corajudo Corajudo Corajudo Corajudo Corajudo
Corajudo Corajudo Corajudo Corajudo Corajudo
Corajudo Corajudo Corajudo Corajudo Corajudo

Anunciar

Anunciar Anunciar Anunciar Anunciar
Anunciar Anunciar Anunciar Anunciar Anunciar
Anunciar Anunciar Anunciar Anunciar Anunciar
Anunciar Anunciar Anunciar Anunciar Anunciar
Anunciar Anunciar Anunciar Anunciar Anunciar

Vestíbulo

Vestíbulo Vestíbulo Vestíbulo Vestíbulo
Vestíbulo Vestíbulo Vestíbulo Vestíbulo Vestíbulo
Vestíbulo Vestíbulo Vestíbulo Vestíbulo Vestíbulo
Vestíbulo Vestíbulo Vestíbulo Vestíbulo Vestíbulo
Vestíbulo Vestíbulo Vestíbulo Vestíbulo Vestíbulo

Pequeño

Pequeño Pequeño Pequeño Pequeño

Pequeño Pequeño Pequeño Pequeño Pequeño

Pequeño Pequeño Pequeño Pequeño Pequeño

Pequeño Pequeño Pequeño Pequeño Pequeño

Pequeño Pequeño Pequeño Pequeño Pequeño

Jubilación

Jubilación Jubilación Jubilación

Jubilación Jubilación Jubilación Jubilación

Jubilación Jubilación Jubilación Jubilación

Jubilación Jubilación Jubilación Jubilación

Jubilación Jubilación Jubilación Jubilación

Tolerancia

Tolerancia Tolerancia Tolerancia

Tolerancia Tolerancia Tolerancia Tolerancia

Tolerancia Tolerancia Tolerancia Tolerancia

Tolerancia Tolerancia Tolerancia Tolerancia

Tolerancia Tolerancia Tolerancia Tolerancia

Tolerancia Tolerancia Tolerancia Tolerancia

Duda

Duda Duda Duda Duda Duda Duda Duda

Duda Duda Duda Duda Duda Duda Duda Duda

Duda Duda Duda Duda Duda Duda Duda Duda

Duda Duda Duda Duda Duda Duda Duda Duda

Duda Duda Duda Duda Duda Duda Duda Duda

Diapositiva

Diapositiva Diapositiva Diapositiva

Diapositiva Diapositiva Diapositiva Diapositiva

Diapositiva Diapositiva Diapositiva Diapositiva

Diapositiva Diapositiva Diapositiva Diapositiva

Diapositiva Diapositiva Diapositiva Diapositiva

Objeto

Objeto Objeto Objeto Objeto Objeto Objeto

Objeto Objeto Objeto Objeto Objeto Objeto Objeto

Objeto Objeto Objeto Objeto Objeto Objeto Objeto

Objeto Objeto Objeto Objeto Objeto Objeto Objeto

Objeto Objeto Objeto Objeto Objeto Objeto Objeto

Objeto Objeto Objeto Objeto Objeto Objeto Objeto

Paciencia

Paciencia Paciencia Paciencia Paciencia
Paciencia Paciencia Paciencia Paciencia Paciencia
Paciencia Paciencia Paciencia Paciencia Paciencia
Paciencia Paciencia Paciencia Paciencia Paciencia
Paciencia Paciencia Paciencia Paciencia Paciencia

Estimar

Estimar Estimar Estimar Estimar
Estimar Estimar Estimar Estimar Estimar
Estimar Estimar Estimar Estimar Estimar
Estimar Estimar Estimar Estimar Estimar
Estimar Estimar Estimar Estimar Estimar

Proteger

Proteger Proteger Proteger Proteger
Proteger Proteger Proteger Proteger Proteger
Proteger Proteger Proteger Proteger Proteger
Proteger Proteger Proteger Proteger Proteger
Proteger Proteger Proteger Proteger Proteger

Confrontación

Confrontación Confrontación
Confrontación Confrontación Confrontación
Confrontación Confrontación Confrontación
Confrontación Confrontación Confrontación
Confrontación Confrontación Confrontación

Reloj

Reloj Reloj Reloj Reloj Reloj Reloj Reloj
Reloj Reloj Reloj Reloj Reloj Reloj Reloj Reloj
Reloj Reloj Reloj Reloj Reloj Reloj Reloj Reloj
Reloj Reloj Reloj Reloj Reloj Reloj Reloj Reloj
Reloj Reloj Reloj Reloj Reloj Reloj Reloj Reloj

Moda

Moda Moda Moda Moda Moda Moda
Moda Moda Moda Moda Moda Moda Moda
Moda Moda Moda Moda Moda Moda Moda
Moda Moda Moda Moda Moda Moda Moda
Moda Moda Moda Moda Moda Moda Moda
Moda Moda Moda Moda Moda Moda Moda

Fotografía

Fotografía Fotografía Fotografía

Fotografía Fotografía Fotografía Fotografía

Fotografía Fotografía Fotografía Fotografía

Fotografía Fotografía Fotografía Fotografía

Fotografía Fotografía Fotografía Fotografía

Venganza

Venganza Venganza Venganza

Venganza Venganza Venganza Venganza

Venganza Venganza Venganza Venganza

Venganza Venganza Venganza Venganza

Venganza Venganza Venganza Venganza

Consciente

Consciente Consciente Consciente

Consciente Consciente Consciente Consciente

Consciente Consciente Consciente Consciente

Consciente Consciente Consciente Consciente

Consciente Consciente Consciente Consciente

Vendaje

Vendaje Vendaje Vendaje Vendaje
Vendaje Vendaje Vendaje Vendaje Vendaje
Vendaje Vendaje Vendaje Vendaje Vendaje
Vendaje Vendaje Vendaje Vendaje Vendaje
Vendaje Vendaje Vendaje Vendaje Vendaje

Retener

Retener Retener Retener Retener
Retener Retener Retener Retener Retener
Retener Retener Retener Retener Retener
Retener Retener Retener Retener Retener
Retener Retener Retener Retener Retener

Aviación

aviación aviación aviación aviación
aviación aviación aviación aviación aviación
aviación aviación aviación aviación aviación
aviación aviación aviación aviación aviación
aviación aviación aviación aviación aviación
aviación aviación aviación aviación aviación

Exposición

Exposición Exposición Exposición Exposición
Exposición Exposición Exposición Exposición
Exposición Exposición Exposición Exposición
Exposición Exposición Exposición Exposición
Exposición Exposición Exposición Exposición

Poder

Poder Poder Poder Poder Poder Poder
Poder Poder Poder Poder Poder Poder Poder
Poder Poder Poder Poder Poder Poder Poder
Poder Poder Poder Poder Poder Poder Poder
Poder Poder Poder Poder Poder Poder Poder

Bosque

Bosque Bosque Bosque Bosque Bosque Bosque
Bosque Bosque Bosque Bosque Bosque Bosque
Bosque Bosque Bosque Bosque Bosque Bosque
Bosque Bosque Bosque Bosque Bosque Bosque
Bosque Bosque Bosque Bosque Bosque Bosque

Plata

Plata Plata Plata Plata Plata Plata Plata

Plata Plata Plata Plata Plata Plata Plata Plata

Plata Plata Plata Plata Plata Plata Plata Plata

Plata Plata Plata Plata Plata Plata Plata Plata

Plata Plata Plata Plata Plata Plata Plata Plata

Estacional

Estacional Estacional Estacional

Estacional Estacional Estacional Estacional

Estacional Estacional Estacional Estacional

Estacional Estacional Estacional Estacional

Estacional Estacional Estacional Estacional

Pudín

Pudín Pudín Pudín Pudín Pudín Pudín Pudín

Pudín Pudín Pudín Pudín Pudín Pudín Pudín Pudín

Pudín Pudín Pudín Pudín Pudín Pudín Pudín Pudín

Pudín Pudín Pudín Pudín Pudín Pudín Pudín Pudín

Pudín Pudín Pudín Pudín Pudín Pudín Pudín Pudín

Pudín Pudín Pudín Pudín Pudín Pudín Pudín Pudín

Extranjero

Extranjero Extranjero Extranjero Extranjero
Extranjero Extranjero Extranjero Extranjero
Extranjero Extranjero Extranjero Extranjero
Extranjero Extranjero Extranjero Extranjero
Extranjero Extranjero Extranjero Extranjero

Meses

Meses Meses Meses Meses Meses
Meses Meses Meses Meses Meses Meses
Meses Meses Meses Meses Meses Meses
Meses Meses Meses Meses Meses Meses
Meses Meses Meses Meses Meses Meses

Federación

Federación Federación Federación
Federación Federación Federación Federación
Federación Federación Federación Federación
Federación Federación Federación Federación
Federación Federación Federación Federación
Federación Federación Federación Federación

Encuesta

Encuesta Encuesta Encuesta Encuesta Encuesta
Encuesta Encuesta Encuesta Encuesta Encuesta Encuesta
Encuesta Encuesta Encuesta Encuesta Encuesta Encuesta
Encuesta Encuesta Encuesta Encuesta Encuesta Encuesta
Encuesta Encuesta Encuesta Encuesta Encuesta Encuesta

Muleta

Muleta Muleta Muleta Muleta Muleta
Muleta Muleta Muleta Muleta Muleta Muleta
Muleta Muleta Muleta Muleta Muleta Muleta
Muleta Muleta Muleta Muleta Muleta Muleta
Muleta Muleta Muleta Muleta Muleta Muleta

Sistemático

Sistemático Sistemático Sistemático
Sistemático Sistemático Sistemático Sistemático
Sistemático Sistemático Sistemático Sistemático
Sistemático Sistemático Sistemático Sistemático
Sistemático Sistemático Sistemático Sistemático
Sistemático Sistemático Sistemático Sistemático

Ahorro

Ahorro Ahorro Ahorro Ahorro Ahorro
Ahorro Ahorro Ahorro Ahorro Ahorro Ahorro
Ahorro Ahorro Ahorro Ahorro Ahorro Ahorro
Ahorro Ahorro Ahorro Ahorro Ahorro Ahorro
Ahorro Ahorro Ahorro Ahorro Ahorro Ahorro

Vendedor

Vendedor Vendedor Vendedor
Vendedor Vendedor Vendedor Vendedor
Vendedor Vendedor Vendedor Vendedor
Vendedor Vendedor Vendedor Vendedor
Vendedor Vendedor Vendedor Vendedor

Rugby

Rugby Rugby Rugby Rugby Rugby Rugby
Rugby Rugby Rugby Rugby Rugby Rugby Rugby
Rugby Rugby Rugby Rugby Rugby Rugby Rugby
Rugby Rugby Rugby Rugby Rugby Rugby Rugby
Rugby Rugby Rugby Rugby Rugby Rugby Rugby
Rugby Rugby Rugby Rugby Rugby Rugby Rugby

Ajustar

Ajustar Ajustar Ajustar Ajustar Ajustar
Ajustar Ajustar Ajustar Ajustar Ajustar Ajustar
Ajustar Ajustar Ajustar Ajustar Ajustar Ajustar
Ajustar Ajustar Ajustar Ajustar Ajustar Ajustar
Ajustar Ajustar Ajustar Ajustar Ajustar Ajustar

Estilo

Estilo Estilo Estilo Estilo Estilo Estilo
Estilo Estilo Estilo Estilo Estilo Estilo Estilo
Estilo Estilo Estilo Estilo Estilo Estilo Estilo
Estilo Estilo Estilo Estilo Estilo Estilo Estilo
Estilo Estilo Estilo Estilo Estilo Estilo Estilo

Micrófono

Micrófono Micrófono Micrófono
Micrófono Micrófono Micrófono Micrófono
Micrófono Micrófono Micrófono Micrófono
Micrófono Micrófono Micrófono Micrófono
Micrófono Micrófono Micrófono Micrófono
Micrófono Micrófono Micrófono Micrófono

Araña

Araña Araña Araña Araña Araña Araña Araña
Araña Araña Araña Araña Araña Araña Araña Araña
Araña Araña Araña Araña Araña Araña Araña
Araña Araña Araña Araña Araña Araña Araña
Araña Araña Araña Araña Araña Araña Araña

Reemplazar

Reemplazar Reemplazar Reemplazar
Reemplazar Reemplazar Reemplazar Reemplazar
Reemplazar Reemplazar Reemplazar Reemplazar
Reemplazar Reemplazar Reemplazar Reemplazar
Reemplazar Reemplazar Reemplazar Reemplazar

Opuesto

Opuesto Opuesto Opuesto Opuesto
Opuesto Opuesto Opuesto Opuesto Opuesto
Opuesto Opuesto Opuesto Opuesto Opuesto
Opuesto Opuesto Opuesto Opuesto Opuesto
Opuesto Opuesto Opuesto Opuesto Opuesto

Motivación

Motivación Motivación Motivación Motivación
Motivación Motivación Motivación Motivación
Motivación Motivación Motivación Motivación
Motivación Motivación Motivación Motivación
Motivación Motivación Motivación Motivación

Regular

Regular Regular Regular Regular
Regular Regular Regular Regular Regular
Regular Regular Regular Regular Regular
Regular Regular Regular Regular Regular
Regular Regular Regular Regular Regular

Versión

Versión Versión Versión Versión
Versión Versión Versión Versión Versión
Versión Versión Versión Versión Versión
Versión Versión Versión Versión Versión
Versión Versión Versión Versión Versión

Vistoso Vistoso Vistoso Vistoso Vistoso Vistoso

Vistoso Vistoso Vistoso Vistoso Vistoso Vistoso

Vistoso Vistoso Vistoso Vistoso Vistoso Vistoso

Vistoso Vistoso Vistoso Vistoso Vistoso Vistoso

Vistoso Vistoso Vistoso Vistoso Vistoso Vistoso

Cantidad Cantidad Cantidad Cantidad Cantidad

Cantidad Cantidad Cantidad Cantidad Cantidad

Cantidad Cantidad Cantidad Cantidad Cantidad

Cantidad Cantidad Cantidad Cantidad Cantidad

Cantidad Cantidad Cantidad Cantidad Cantidad

Girar Girar Girar Girar Girar Girar Girar

Girar Girar Girar Girar Girar Girar Girar

Girar Girar Girar Girar Girar Girar Girar

Girar Girar Girar Girar Girar Girar Girar

Girar Girar Girar Girar Girar Girar Girar

Girar Girar Girar Girar Girar Girar Girar

Decisivo

Decisivo Decisivo Decisivo Decisivo Decisivo

Decisivo Decisivo Decisivo Decisivo Decisivo

Decisivo Decisivo Decisivo Decisivo Decisivo

Decisivo Decisivo Decisivo Decisivo Decisivo

Decisivo Decisivo Decisivo Decisivo Decisivo

Premio

Premio Premio Premio Premio Premio

Premio Premio Premio Premio Premio Premio

Premio Premio Premio Premio Premio Premio

Premio Premio Premio Premio Premio Premio

Premio Premio Premio Premio Premio Premio

Ecuación

Ecuación Ecuación Ecuación Ecuación

Ecuación Ecuación Ecuación Ecuación Ecuación

Ecuación Ecuación Ecuación Ecuación Ecuación

Ecuación Ecuación Ecuación Ecuación Ecuación

Ecuación Ecuación Ecuación Ecuación Ecuación

Ecuación Ecuación Ecuación Ecuación Ecuación

Creación

Creación Creación Creación Creación
Creación Creación Creación Creación Creación
Creación Creación Creación Creación Creación
Creación Creación Creación Creación Creación
Creación Creación Creación Creación Creación

Formato

Formato Formato Formato Formato
Formato Formato Formato Formato Formato
Formato Formato Formato Formato Formato
Formato Formato Formato Formato Formato
Formato Formato Formato Formato Formato

Impresionante

Impresionante Impresionante Impresionante
Impresionante Impresionante Impresionante
Impresionante Impresionante Impresionante
Impresionante Impresionante Impresionante
Impresionante Impresionante Impresionante
Impresionante Impresionante Impresionante

Persistir

Persistir Persistir Persistir Persistir Persistir

Persistir Persistir Persistir Persistir Persistir

Persistir Persistir Persistir Persistir Persistir

Persistir Persistir Persistir Persistir Persistir

Persistir Persistir Persistir Persistir Persistir

Profundo

Profundo Profundo Profundo Profundo Profundo

Profundo Profundo Profundo Profundo Profundo Profundo

Profundo Profundo Profundo Profundo Profundo Profundo

Profundo Profundo Profundo Profundo Profundo Profundo

Profundo Profundo Profundo Profundo Profundo

Activar

Activar Activar Activar Activar Activar

Activar Activar Activar Activar Activar Activar

Activar Activar Activar Activar Activar Activar

Activar Activar Activar Activar Activar Activar

Activar Activar Activar Activar Activar Activar

Activar Activar Activar Activar Activar Activar

Ritmo

Ritmo Ritmo Ritmo Ritmo Ritmo Ritmo
Ritmo Ritmo Ritmo Ritmo Ritmo Ritmo Ritmo
Ritmo Ritmo Ritmo Ritmo Ritmo Ritmo Ritmo
Ritmo Ritmo Ritmo Ritmo Ritmo Ritmo Ritmo
Ritmo Ritmo Ritmo Ritmo Ritmo Ritmo Ritmo

Cebolla

Cebolla Cebolla Cebolla Cebolla Cebolla
Cebolla Cebolla Cebolla Cebolla Cebolla Cebolla
Cebolla Cebolla Cebolla Cebolla Cebolla Cebolla
Cebolla Cebolla Cebolla Cebolla Cebolla Cebolla
Cebolla Cebolla Cebolla Cebolla Cebolla Cebolla

Mirar

Mirar Mirar Mirar Mirar Mirar Mirar
Mirar Mirar Mirar Mirar Mirar Mirar Mirar
Mirar Mirar Mirar Mirar Mirar Mirar Mirar
Mirar Mirar Mirar Mirar Mirar Mirar Mirar
Mirar Mirar Mirar Mirar Mirar Mirar Mirar

Papel

Papel Papel Papel Papel Papel Papel Papel
Papel Papel Papel Papel Papel Papel Papel Papel
Papel Papel Papel Papel Papel Papel Papel Papel
Papel Papel Papel Papel Papel Papel Papel Papel
Papel Papel Papel Papel Papel Papel Papel Papel

Diseño

Diseño Diseño Diseño Diseño Diseño
Diseño Diseño Diseño Diseño Diseño Diseño
Diseño Diseño Diseño Diseño Diseño Diseño
Diseño Diseño Diseño Diseño Diseño Diseño
Diseño Diseño Diseño Diseño Diseño Diseño

Paquete

Paquete Paquete Paquete Paquete
Paquete Paquete Paquete Paquete Paquete
Paquete Paquete Paquete Paquete Paquete
Paquete Paquete Paquete Paquete Paquete
Paquete Paquete Paquete Paquete Paquete
Paquete Paquete Paquete Paquete Paquete

Central

Central Central Central Central
Central Central Central Central Central
Central Central Central Central Central
Central Central Central Central Central
Central Central Central Central Central

Aventura

Aventura Aventura Aventura Aventura
Aventura Aventura Aventura Aventura Aventura
Aventura Aventura Aventura Aventura Aventura
Aventura Aventura Aventura Aventura Aventura
Aventura Aventura Aventura Aventura Aventura

Colega

Colega Colega Colega Colega Colega
Colega Colega Colega Colega Colega Colega
Colega Colega Colega Colega Colega Colega
Colega Colega Colega Colega Colega Colega
Colega Colega Colega Colega Colega Colega

Gusto

Gusto Gusto Gusto Gusto Gusto Gusto

Gusto Gusto Gusto Gusto Gusto Gusto Gusto

Gusto Gusto Gusto Gusto Gusto Gusto Gusto

Gusto Gusto Gusto Gusto Gusto Gusto Gusto

Gusto Gusto Gusto Gusto Gusto Gusto Gusto

Disposición

Disposición Disposición Disposición Disposición

Disposición Disposición Disposición Disposición

Disposición Disposición Disposición Disposición

Disposición Disposición Disposición Disposición

Disposición Disposición Disposición Disposición

Directo

Directo Directo Directo Directo Directo Directo

Directo Directo Directo Directo Directo Directo Directo

Directo Directo Directo Directo Directo Directo Directo

Directo Directo Directo Directo Directo Directo Directo

Directo Directo Directo Directo Directo Directo Directo

Directo Directo Directo Directo Directo Directo Directo

Victoria

Victoria Victoria Victoria Victoria Victoria

Victoria Victoria Victoria Victoria Victoria

Victoria Victoria Victoria Victoria Victoria

Victoria Victoria Victoria Victoria Victoria

Victoria Victoria Victoria Victoria Victoria

Campo

Campo Campo Campo Campo Campo

Campo Campo Campo Campo Campo Campo

Campo Campo Campo Campo Campo Campo

Campo Campo Campo Campo Campo Campo

Campo Campo Campo Campo Campo Campo

Lavandería

Lavandería Lavandería Lavandería

Lavandería Lavandería Lavandería Lavandería

Lavandería Lavandería Lavandería Lavandería

Lavandería Lavandería Lavandería Lavandería

Lavandería Lavandería Lavandería Lavandería

Lavandería Lavandería Lavandería Lavandería

Comunicación

Comunicación Comunicación Comunicación
Comunicación Comunicación Comunicación
Comunicación Comunicación Comunicación
Comunicación Comunicación Comunicación
Comunicación Comunicación Comunicación

Animal

Animal Animal Animal Animal Animal
Animal Animal Animal Animal Animal Animal
Animal Animal Animal Animal Animal Animal
Animal Animal Animal Animal Animal Animal
Animal Animal Animal Animal Animal Animal

Llegar

Llegar Llegar Llegar Llegar Llegar
Llegar Llegar Llegar Llegar Llegar Llegar
Llegar Llegar Llegar Llegar Llegar Llegar
Llegar Llegar Llegar Llegar Llegar Llegar
Llegar Llegar Llegar Llegar Llegar Llegar
Llegar Llegar Llegar Llegar Llegar Llegar

Marinero

Marinero Marinero Marinero Marinero
Marinero Marinero Marinero Marinero Marinero
Marinero Marinero Marinero Marinero Marinero
Marinero Marinero Marinero Marinero Marinero
Marinero Marinero Marinero Marinero Marinero

Argumento

Argumento Argumento Argumento Argumento
Argumento Argumento Argumento Argumento
Argumento Argumento Argumento Argumento
Argumento Argumento Argumento Argumento
Argumento Argumento Argumento Argumento

Objetivo

Objetivo Objetivo Objetivo Objetivo Objetivo
Objetivo Objetivo Objetivo Objetivo Objetivo
Objetivo Objetivo Objetivo Objetivo Objetivo
Objetivo Objetivo Objetivo Objetivo Objetivo
Objetivo Objetivo Objetivo Objetivo Objetivo

Difícil

Difícil Difícil Difícil Difícil Difícil Difícil

Difícil Difícil Difícil Difícil Difícil Difícil Difícil

Difícil Difícil Difícil Difícil Difícil Difícil Difícil

Difícil Difícil Difícil Difícil Difícil Difícil Difícil

Difícil Difícil Difícil Difícil Difícil Difícil Difícil

Filete

Filete Filete Filete Filete Filete Filete

Filete Filete Filete Filete Filete Filete Filete

Filete Filete Filete Filete Filete Filete Filete

Filete Filete Filete Filete Filete Filete Filete

Filete Filete Filete Filete Filete Filete Filete

Dimensión

Dimensión Dimensión Dimensión

Dimensión Dimensión Dimensión Dimensión

Dimensión Dimensión Dimensión Dimensión

Dimensión Dimensión Dimensión Dimensión

Dimensión Dimensión Dimensión Dimensión

Dimensión Dimensión Dimensión Dimensión

Confusión

Confusión Confusión Confusión Confusión
Confusión Confusión Confusión Confusión
Confusión Confusión Confusión Confusión
Confusión Confusión Confusión Confusión
Confusión Confusión Confusión Confusión

Recordar

Recordar Recordar Recordar Recordar
Recordar Recordar Recordar Recordar
Recordar Recordar Recordar Recordar
Recordar Recordar Recordar Recordar
Recordar Recordar Recordar Recordar

Noción

Noción Noción Noción Noción Noción
Noción Noción Noción Noción Noción Noción
Noción Noción Noción Noción Noción Noción
Noción Noción Noción Noción Noción Noción
Noción Noción Noción Noción Noción Noción

Coraje

Coraje Coraje Coraje Coraje Coraje
Coraje Coraje Coraje Coraje Coraje Coraje
Coraje Coraje Coraje Coraje Coraje Coraje
Coraje Coraje Coraje Coraje Coraje Coraje
Coraje Coraje Coraje Coraje Coraje Coraje

Tensión

Tensión Tensión Tensión Tensión Tensión
Tensión Tensión Tensión Tensión Tensión Tensión
Tensión Tensión Tensión Tensión Tensión Tensión
Tensión Tensión Tensión Tensión Tensión Tensión
Tensión Tensión Tensión Tensión Tensión Tensión

Pericia

Pericia Pericia Pericia Pericia Pericia
Pericia Pericia Pericia Pericia Pericia Pericia
Pericia Pericia Pericia Pericia Pericia Pericia
Pericia Pericia Pericia Pericia Pericia Pericia
Pericia Pericia Pericia Pericia Pericia Pericia
Pericia Pericia Pericia Pericia Pericia Pericia

Si quieres predecir tu futuro
deberías crearlo

Si quieres predecir tu futuro

deberías crearlo

Si quieres predecir tu futuro

deberías crearlo

Si quieres predecir tu futuro

deberías crearlo

Si quieres predecir tu futuro

deberías crearlo

Si quieres predecir tu futuro

deberías crearlo

Si quieres predecir tu futuro

deberías crearlo

Si quieres predecir tu futuro

deberías crearlo

Mientras estés vivo, continúa aprendiendo y no te detengas

Mientras estés vivo, continúa aprendiendo
y no te detengas

Mientras estés vivo, continúa aprendiendo
y no te detengas

Mientras estés vivo, continúa aprendiendo
y no te detengas

Mientras estés vivo, continúa aprendiendo
y no te detengas

Mientras estés vivo, continúa aprendiendo
y no te detengas

Mientras estés vivo, continúa aprendiendo
y no te detengas

Mientras estés vivo, continúa aprendiendo
y no te detengas

No molestes a los demás por lo que puedes hacer tú mismo

No molestes a los demás por lo que
puedes hacer tú mismo

No molestes a los demás por lo que
puedes hacer tú mismo

No molestes a los demás por lo que
puedes hacer tú mismo

No molestes a los demás por lo que
puedes hacer tú mismo

No molestes a los demás por lo que
puedes hacer tú mismo

No molestes a los demás por lo que
puedes hacer tú mismo

No molestes a los demás por lo que
puedes hacer tú mismo

Tienes que saber que compartir
la felicidad no la disminuye

Tienes que saber que compartir
la felicidad no la disminuye
Tienes que saber que compartir
la felicidad no la disminuye
Tienes que saber que compartir
la felicidad no la disminuye
Tienes que saber que compartir
la felicidad no la disminuye
Tienes que saber que compartir
la felicidad no la disminuye
Tienes que saber que compartir
la felicidad no la disminuye
Tienes que saber que compartir
la felicidad no la disminuye

La verdadera amistad no tiene precio
y puede determinar el rumbo de tu vida

La verdadera amistad no tiene precio
y puede determinar el rumbo de tu vida
La verdadera amistad no tiene precio
y puede determinar el rumbo de tu vida
La verdadera amistad no tiene precio
y puede determinar el rumbo de tu vida
La verdadera amistad no tiene precio
y puede determinar el rumbo de tu vida
La verdadera amistad no tiene precio
y puede determinar el rumbo de tu vida
La verdadera amistad no tiene precio
y puede determinar el rumbo de tu vida
La verdadera amistad no tiene precio
y puede determinar el rumbo de tu vida

La parte más importante del trabajo
es comenzar, y el éxito llegará

La parte más importante del trabajo

es comenzar, y el éxito llegará

La parte más importante del trabajo

es comenzar, y el éxito llegará

La parte más importante del trabajo

es comenzar, y el éxito llegará

La parte más importante del trabajo

es comenzar, y el éxito llegará

La parte más importante del trabajo

es comenzar, y el éxito llegará

La parte más importante del trabajo

es comenzar, y el éxito llegará

La parte más importante del trabajo

es comenzar, y el éxito llegará

Hagas lo que hagas, sé siempre bueno y ayuda a las personas a crecer, y también crecerás

Hagas lo que hagas, sé siempre bueno y ayuda

a las personas a crecer, y también crecerás

Hagas lo que hagas, sé siempre bueno y ayuda

a las personas a crecer, y también crecerás

Hagas lo que hagas, sé siempre bueno y ayuda

a las personas a crecer, y también crecerás

Hagas lo que hagas, sé siempre bueno y ayuda

a las personas a crecer, y también crecerás

Hagas lo que hagas, sé siempre bueno y ayuda

a las personas a crecer, y también crecerás

Hagas lo que hagas, sé siempre bueno y ayuda

a las personas a crecer, y también crecerás

Hagas lo que hagas, sé siempre bueno y ayuda

a las personas a crecer, y también crecerás

Una mala compañía es peor que estar solo, una buena compañía te impulsará hacia adelante

Una mala compañía es peor que estar solo, una
buena compañía te impulsará hacia adelante
Una mala compañía es peor que estar solo, una
buena compañía te impulsará hacia adelante
Una mala compañía es peor que estar solo, una
buena compañía te impulsará hacia adelante
Una mala compañía es peor que estar solo, una
buena compañía te impulsará hacia adelante
Una mala compañía es peor que estar solo, una
buena compañía te impulsará hacia adelante
Una mala compañía es peor que estar solo, una
buena compañía te impulsará hacia adelante
Una mala compañía es peor que estar solo, una
buena compañía te impulsará hacia adelante

El ejercicio para la mente consiste en leer,
descubrir cosas nuevas y resolver problemas

El ejercicio para la mente consiste en leer,
descubrir cosas nuevas y resolver problemas
El ejercicio para la mente consiste en leer,
descubrir cosas nuevas y resolver problemas
El ejercicio para la mente consiste en leer,
descubrir cosas nuevas y resolver problemas
El ejercicio para la mente consiste en leer,
descubrir cosas nuevas y resolver problemas
El ejercicio para la mente consiste en leer,
descubrir cosas nuevas y resolver problemas
El ejercicio para la mente consiste en leer,
descubrir cosas nuevas y resolver problemas
El ejercicio para la mente consiste en leer,
descubrir cosas nuevas y resolver problemas

La alegría de entender es un sentimiento
maravilloso, te anima a seguir tu camino
de aprendizaje con confianza

La alegría de entender es un sentimiento
maravilloso, te anima a seguir tu camino
de aprendizaje con confianza
La alegría de entender es un sentimiento
maravilloso, te anima a seguir tu camino
de aprendizaje con confianza
La alegría de entender es un sentimiento
maravilloso, te anima a seguir tu camino
de aprendizaje con confianza
La alegría de entender es un sentimiento
maravilloso, te anima a seguir tu camino
de aprendizaje con confianza
La alegría de entender es un sentimiento
maravilloso, te anima a seguir tu camino
de aprendizaje con confianza

Quien venció la duda y el miedo
vence el fracaso

Quien venció la duda y el miedo
vence el fracas
Quien venció la duda y el miedo
vence el fracas
Quien venció la duda y el miedo
vence el fracaso
Quien venció la duda y el miedo
vence el fracaso
Quien venció la duda y el miedo
vence el fracaso
Quien venció la duda y el miedo
vence el fracaso
Quien venció la duda y el miedo
vence el fracaso
Quien venció la duda y el miedo
vence el fracaso

Debes saber que bien hecho
es más efectivo que bien dicho

Debes saber que bien hecho

es más efectivo que bien dicho

Debes saber que bien hecho

es más efectivo que bien dicho

Debes saber que bien hecho

es más efectivo que bien dicho

Debes saber que bien hecho

es más efectivo que bien dicho

Debes saber que bien hecho

es más efectivo que bien dicho

Debes saber que bien hecho

es más efectivo que bien dicho

Debes saber que bien hecho

es más efectivo que bien dicho

Los pensamientos positivos siempre
son mejores que los negativos

Los pensamientos positivos siempre
son mejores que los negativos
Los pensamientos positivos siempre
son mejores que los negativos
Los pensamientos positivos siempre
son mejores que los negativos
Los pensamientos positivos siempre
son mejores que los negativos
Los pensamientos positivos siempre
son mejores que los negativos
Los pensamientos positivos siempre
son mejores que los negativos
Los pensamientos positivos siempre
son mejores que los negativos

La actitud y la capacidad son
claves importantes para tener éxito

La actitud y la capacidad son
claves importantes para tener éxito
La actitud y la capacidad son
claves importantes para tener éxito
La actitud y la capacidad son
claves importantes para tener éxito
La actitud y la capacidad son
claves importantes para tener éxito
La actitud y la capacidad son
claves importantes para tener éxito
La actitud y la capacidad son
claves importantes para tener éxito
La actitud y la capacidad son
claves importantes para tener éxito
La actitud y la capacidad son
claves importantes para tener éxito

Las acciones de un verdadero líder
inspiran a otros a soñar en grande

Las acciones de un verdadero líder
inspiran a otros a soñar en grande
Las acciones de un verdadero líder
inspiran a otros a soñar en grande
Las acciones de un verdadero líder
inspiran a otros a soñar en grande
Las acciones de un verdadero líder
inspiran a otros a soñar en grande
Las acciones de un verdadero líder
inspiran a otros a soñar en grande
Las acciones de un verdadero líder
inspiran a otros a soñar en grande
Las acciones de un verdadero líder
inspiran a otros a soñar en grande

Los pensamientos son un hecho importante
porque nos convertimos en lo que pensamos

Los pensamientos son un hecho importante
porque nos convertimos en lo que pensamos
Los pensamientos son un hecho importante
porque nos convertimos en lo que pensamos
Los pensamientos son un hecho importante
porque nos convertimos en lo que pensamos
Los pensamientos son un hecho importante
porque nos convertimos en lo que pensamos
Los pensamientos son un hecho importante
porque nos convertimos en lo que pensamos
Los pensamientos son un hecho importante
porque nos convertimos en lo que pensamos
Los pensamientos son un hecho importante
porque nos convertimos en lo que pensamos

Debes actuar porque la voluntad por sí sola no
es suficiente para alcanzar tu objetivo

El sufrimiento es una señal segura de estar
vivo, continúa enfrentando tus desafíos

El sufrimiento es una señal segura de estar
vivo, continúa enfrentando tus desafíos
El sufrimiento es una señal segura de estar
vivo, continúa enfrentando tus desafíos
El sufrimiento es una señal segura de estar
vivo, continúa enfrentando tus desafíos
El sufrimiento es una señal segura de estar
vivo, continúa enfrentando tus desafíos
El sufrimiento es una señal segura de estar
vivo, continúa enfrentando tus desafíos
El sufrimiento es una señal segura de estar
vivo, continúa enfrentando tus desafíos
El sufrimiento es una señal segura de estar
vivo, continúa enfrentando tus desafíos

Cuidado con perder oportunidades
que pueden cambiar tu vida

Cuidado con perder oportunidades

que pueden cambiar tu vida

Cuidado con perder oportunidades

they can change your life

Cuidado con perder oportunidades

they can change your life

Cuidado con perder oportunidades

they can change your life

Cuidado con perder oportunidades

they can change your life

Cuidado con perder oportunidades

they can change your life

Cuidado con perder oportunidades

que pueden cambiar tu vida

Cuidado con perder oportunidades

que pueden cambiar tu vida

Mantenga su cuerpo en buena salud
para mantener su mente clara y fuerte

Mantenga su cuerpo en buena salud
para mantener su mente clara y fuerte
Mantenga su cuerpo en buena salud
para mantener su mente clara y fuerte
Mantenga su cuerpo en buena salud
para mantener su mente clara y fuerte
Mantenga su cuerpo en buena salud
para mantener su mente clara y fuerte
Mantenga su cuerpo en buena salud
para mantener su mente clara y fuerte
Mantenga su cuerpo en buena salud
para mantener su mente clara y fuerte
Mantenga su cuerpo en buena salud
para mantener su mente clara y fuerte

Para ser feliz disfruta del presente
sin dependencia ansiosa del futuro

Para ser feliz disfruta del presente

sin dependencia ansiosa del futuro

Para ser feliz disfruta del presente

sin dependencia ansiosa del futuro

Para ser feliz disfruta del presente

sin dependencia ansiosa del futuro

Para ser feliz disfruta del presente

sin dependencia ansiosa del futuro

Para ser feliz disfruta del presente

sin dependencia ansiosa del futuro

Para ser feliz disfruta del presente

sin dependencia ansiosa del futuro

Para ser feliz disfruta del presente

sin dependencia ansiosa del futuro

Siempre debes ser responsable de tus
acciones para avanzar en tu vida

Siempre debes ser responsable de tus
acciones para avanzar en tu vida
Siempre debes ser responsable de tus
acciones para avanzar en tu vida
Siempre debes ser responsable de tus
acciones para avanzar en tu vida
Siempre debes ser responsable de tus
acciones para avanzar en tu vida
Siempre debes ser responsable de tus
acciones para avanzar en tu vida
Siempre debes ser responsable de tus
acciones para avanzar en tu vida
Siempre debes ser responsable de tus
acciones para avanzar en tu vida

Deberías intentar y fracasar en lugar
de no intentarlo en absoluto

Deberías intentar y fracasar en lugar

de no intentarlo en absoluto

Deberías intentar y fracasar en lugar

de no intentarlo en absoluto

Deberías intentar y fracasar en lugar

de no intentarlo en absoluto

Deberías intentar y fracasar en lugar

de no intentarlo en absoluto

Deberías intentar y fracasar en lugar

de no intentarlo en absoluto

Deberías intentar y fracasar en lugar

de no intentarlo en absoluto

Deberías intentar y fracasar en lugar

de no intentarlo en absoluto

A veces el peor pasado puede dar un mejor
futuro, no pierdas la esperanza

A veces el peor pasado puede dar un mejor
futuro, no pierdas la esperanza
A veces el peor pasado puede dar un mejor
futuro, no pierdas la esperanza
A veces el peor pasado puede dar un mejor
futuro, no pierdas la esperanza
A veces el peor pasado puede dar un mejor
futuro, no pierdas la esperanza
A veces el peor pasado puede dar un mejor
futuro, no pierdas la esperanza
A veces el peor pasado puede dar un mejor
futuro, no pierdas la esperanza
A veces el peor pasado puede dar un mejor
futuro, no pierdas la esperanza

El éxito es algo por lo que hay que trabajar, para hacer posibles tus sueños

El éxito es algo por lo que hay que trabajar,
para hacer posibles tus sueños
El éxito es algo por lo que hay que trabajar,
para hacer posibles tus sueños
El éxito es algo por lo que hay que trabajar,
para hacer posibles tus sueños
El éxito es algo por lo que hay que trabajar,
para hacer posibles tus sueños
El éxito es algo por lo que hay que trabajar,
para hacer posibles tus sueños
El éxito es algo por lo que hay que trabajar,
para hacer posibles tus sueños
El éxito es algo por lo que hay que trabajar,
para hacer posibles tus sueños

Debes saber que la lengua de una persona
te puede dar el sabor de su corazón

Debes saber que la lengua de una persona
te puede dar el sabor de su corazón
Debes saber que la lengua de una persona
te puede dar el sabor de su corazón
Debes saber que la lengua de una persona
te puede dar el sabor de su corazón
Debes saber que la lengua de una persona
te puede dar el sabor de su corazón
Debes saber que la lengua de una persona
te puede dar el sabor de su corazón
Debes saber que la lengua de una persona
te puede dar el sabor de su corazón
Debes saber que la lengua de una persona
te puede dar el sabor de su corazón

El logro de tu primera meta debería
llevarte a la siguiente

El logro de tu primera meta debería

llevarte a la siguiente

El logro de tu primera meta debería

llevarte a la siguiente

El logro de tu primera meta debería

llevarte a la siguiente

El logro de tu primera meta debería

llevarte a la siguiente

El logro de tu primera meta debería

llevarte a la siguiente

El logro de tu primera meta debería

llevarte a la siguiente

El logro de tu primera meta debería

llevarte a la siguiente

Intenta levantarte cada vez que te caes, el éxito requiere trabajo duro

Intenta levantarte cada vez que te caes,

el éxito requiere trabajo duro

Intenta levantarte cada vez que te caes,

el éxito requiere trabajo duro

Intenta levantarte cada vez que te caes,

el éxito requiere trabajo duro

Intenta levantarte cada vez que te caes,

el éxito requiere trabajo duro

Intenta levantarte cada vez que te caes,

el éxito requiere trabajo duro

Intenta levantarte cada vez que te caes,

el éxito requiere trabajo duro

Intenta levantarte cada vez que te caes,

el éxito requiere trabajo duro

Si miras hacia la luz del sol, tu sombra caerá
detrás de ti, aprende y persevera

Si miras hacia la luz del sol, tu sombra caerá
detrás de ti, aprende y persevera
Si miras hacia la luz del sol, tu sombra caerá
detrás de ti, aprende y persevera
Si miras hacia la luz del sol, tu sombra caerá
detrás de ti, aprende y persevera
Si miras hacia la luz del sol, tu sombra caerá
detrás de ti, aprende y persevera
Si miras hacia la luz del sol, tu sombra caerá
detrás de ti, aprende y persevera
Si miras hacia la luz del sol, tu sombra caerá
detrás de ti, aprende y persevera
Si miras hacia la luz del sol, tu sombra caerá
detrás de ti, aprende y persevera
Si miras hacia la luz del sol, tu sombra caerá
detrás de ti, aprende y persevera

Tienes grandes oportunidades para cambiarte, tu estado de ánimo da forma a tu realidad

Tienes grandes oportunidades para cambiarte,
tu estado de ánimo da forma a tu realidad
Tienes grandes oportunidades para cambiarte,
tu estado de ánimo da forma a tu realidad
Tienes grandes oportunidades para cambiarte,
tu estado de ánimo da forma a tu realidad
Tienes grandes oportunidades para cambiarte,
tu estado de ánimo da forma a tu realidad
Tienes grandes oportunidades para cambiarte,
tu estado de ánimo da forma a tu realidad
Tienes grandes oportunidades para cambiarte,
tu estado de ánimo da forma a tu realidad
Tienes grandes oportunidades para cambiarte,
tu estado de ánimo da forma a tu realidad

69377677R00066